Tout le monde peut cuisiner
MISTER COOK

ROBOT CUISEUR LÉGUME

Super Facile

KEDA BLACK
PHOTOGRAPHIES DE REBECCA GENET

MARABOUT

Sommaire

LÉGUMES ET FÉCULENTS

COCOTTES ET CONFITS

LÉGUMES MIJOTÉS

LÉGUMES ENTIERS

LÉGUMES VAPEUR

SOUPES

1

PÂTES DU SOLEIL

prêt en 5 minutes

20 minutes de cuisson

pour 4 personnes

fusilli
360 g

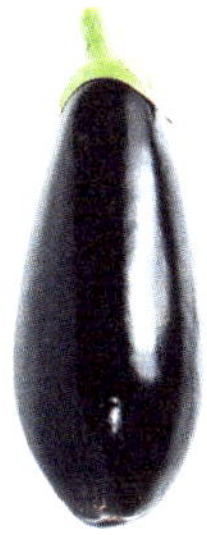

aubergine
× 1

courgettes
× 3

huile d'olive
3 cuillerées à soupe

graines de courge
2 cuillerées à soupe

parmesan
40 g

- Couper les légumes en dés.
- En *mode dorer,* colorer l'aubergine 5 minutes dans 3 cuillerées à soupe d'huile puis la courgette pendant 5 minutes.
- Ajouter les pâtes, du sel et 50 cl d'eau. Cuire en *mode pression* la durée de cuisson des pâtes moins 2 minutes. Prolonger si nécessaire.
- Parsemer de parmesan fraîchement râpé et de graines de courge.

PÂTES BROCOLI-BLEU

prêt en 5 minutes

15 minutes de cuisson

pour 4 personnes

orechiette
360 g

brocoli
400 à 500 g

fourme d'Ambert
150 g

huile d'olive
1 cuillerée à soupe

noix décortiquées
× 10

persil plat
× 8 brins

- Couper les brocolis en fleurettes. Les cuire en *mode dorer* 5 minutes dans l'huile.
- Ajouter les pâtes, du sel et 50 cl d'eau. Cuire en *mode pression* la durée de cuisson des pâtes moins 2 minutes. Prolonger si nécessaire.
- Ajouter le fromage et faire fondre 1 minute en *mode mijoter.*
- Parsemer de noix et de persil plat hachés.

PÂTES CRÉMEUSES AU CHOU

prêt en 5 minutes

10 minutes de cuisson

pour 4 personnes

pâtes complètes
360 g

chou-fleur
× 1 petit

parmesan
70 g

citron
× 1

crème fraîche épaisse
2 cuillerées à soupe

romarin
× 2 brins

- Couper le chou-fleur en fleurettes.
- Mettre dans le robot les pâtes, le chou, du sel, le romarin et 50 cl d'eau. Cuire en *mode pression* la durée de cuisson des pâtes moins 2 minutes. Prolonger si nécessaire.
- Ôter le romarin, ajouter du parmesan râpé, la crème, 1 cuillerée à soupe de jus de citron et remuer.
- Parsemer du reste de parmesan.

PÂTES BLETTES-JAMBON

prêt en 5 minutes

15 minutes de cuisson

pour 4 personnes

fusilli ou radiatori
360 g

blettes
400 à 500 g

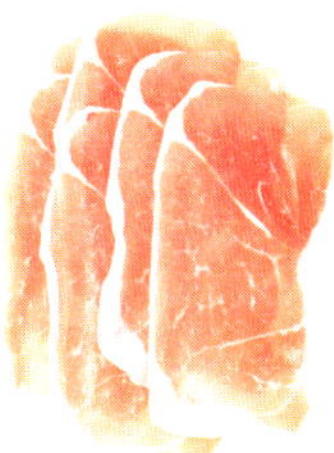

jambon de Parme
× 4 tranches fines

huile d'olive
2 cuillerées à soupe

ail
× 2 gousses

parmesan
40 g

- Rincer et hacher les blettes. Les cuire en *mode dorer* 5 minutes dans l'huile.
- Ajouter les pâtes, du sel, l'ail râpé et 50 cl d'eau. Cuire en *mode pression* la durée de cuisson des pâtes moins 2 minutes. Prolonger si nécessaire.
- Ajouter le jambon déchiré en lanières et remuer.
- Parsemer de copeaux de parmesan.

ORZOTTO CHAMPIGNONS

prêt en 5 minutes

20 minutes de cuisson

pour 4 personnes

pâtes orzo
200 g

huile d'olive
2 cuillerées à soupe

échalotes
× 2

bouillon au choix
× 2 cubes

champignons des bois
300 g

pecorino
60 g

- ○ Colorer les échalotes émincées et les champignons en *mode dorer* pendant 6 à 7 minutes dans l'huile.
- ○ Ajouter les pâtes, remuer 1 minute, puis verser le bouillon reconstitué avec 50 cl d'eau. Cuire 10 minutes en *mode pression*.
- ○ Ajouter le pecorino grossièrement râpé.

LASAGNES AUX ÉPINARDS

prêt en 5 minutes

20 minutes de cuisson

pour 4 personnes

lasagnes
150 g

épinards frais
750 g

beurre
30 g

brousse
300 g

comté
100 g

piment en poudre
1 bonne pincée

- Laver les épinards et, sans les sécher, les faire revenir 6 à 7 minutes en *mode dorer* dans le beurre.
- En retirer la moitié, mettre une couche de lasagne puis une couche de brousse. Répéter l'opération en ajoutant du sel, du poivre et du piment entre chaque. Ajouter 20 cl d'eau. Cuire 5 minutes en *mode pression*.
- Ajouter le comté râpé sur le dessus.

LASAGNES AUX LÉGUMES

prêt en 5 minutes

20 minutes de cuisson

pour 4 personnes

lasagnes
200 g

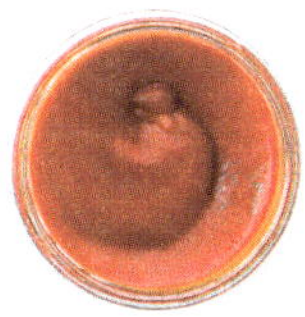

sauce tomate
30 cl

béchamel ou
crème fraîche
20 cl

mozzarella
300 g

courgettes
× 3

parmesan
40 g

- Couper les courgettes en tranches dans la longueur et la mozzarella en rondelles.
- Alterner les couches : tomate, courgette, mozzarella, lasagne.
- Terminer par un peu de sauce tomate et ajouter la crème. Cuire 5 minutes en *mode pression*.
- Parsemer de copeaux de parmesan.

BIRYANI SUCRÉ-SALÉ

prêt en 5 minutes

25 minutes de cuisson

pour 4 personnes

beurre
30 g

riz basmati
200 g

oignons rouges
× 2

haricots verts équeutés
300 g

pâte de curry
2 cuillerées à soupe

cranberries séchées
1 cuillerée à soupe

- Colorer l'oignon émincé en *mode dorer* 3 à 4 minutes dans le beurre.
- Ajouter la pâte, remuer 1 minute.
- Mettre les haricots verts coupés en quatre et poursuivre la cuisson 3 minutes.
- Ajouter le riz, les cranberries et 50 cl d'eau. Saler, cuire en *mode pression* 7 minutes et passer en *mode maintenir au chaud* 10 minutes.

BIRYANI DE LÉGUMES

prêt en 5 minutes

30 minutes de cuisson

pour 4 personnes

épis de maïs
× 2

riz basmati
200 g

coriandre
× 10 brins

brocoli
300 g

pâte de curry
2 cuillerées à soupe

lentilles corail ou jaunes
60 g

- Faire revenir la pâte en *mode dorer* 2 minutes dans le beurre.
- Ajouter les fleurettes de brocoli et les grains de maïs détachés de l'épi, cuire 3 minutes supplémentaires.
- Ajouter le riz, les lentilles et 50 cl d'eau. Saler et cuire 15 minutes en *mode pression* puis 10 minutes en *mode maintenir au chaud*.
- Servir parsemé de coriandre.

RISOTTO DE ROMANESCO

prêt en 5 minutes

15 minutes de cuisson

pour 4 personnes

riz arborio
250 g

chou romanesco
× ½

beurre
15 g

olives picholines
100 g

bouillon de légumes
× 2 cubes

pecorino
60 g

- Couper le romanesco en fleurettes. Colorer 3 minutes en *mode dorer* dans le beurre.
- Ajouter le riz, bien remuer. Ajouter les cubes reconstitués avec 35 cl d'eau bouillante. Cuire 10 minutes en *mode pression*.
- Ajouter le fromage grossièrement râpé, remuer et servir aussitôt.

RISOTTO DE BETTERAVE

prêt en 5 minutes

15 minutes de cuisson

pour 4 personnes

riz arborio
250 g

huile d'olive
2 cuillerées à soupe

betterave cuite
× 1

pousses de betterave
150 g

bouillon de légumes
× 2 cubes

pecorino
60 g

- Couper la betterave en dés.
- Faire revenir le riz 2 minutes dans la cuve en *mode dorer* avec l'huile d'olive.
- Ajouter la betterave et les cubes reconstitués avec 35 cl d'eau bouillante. Cuire 10 minutes en *mode pression*.
- Ajouter les pousses et le fromage grossièrement râpé, mélanger et servir aussitôt.

RISOTTO CAROTTE-ROQUETTE

prêt en 5 minutes

15 minutes de cuisson

pour 4 personnes

riz arborio
250 g

huile d'olive
2 cuillerées à soupe

carottes
× 3

roquette
150 g

bouillon de légumes
× 2 cubes

mascarpone
2 cuillerées à soupe

- Éplucher les carottes et les couper en dés. Colorer 5 minutes en *mode dorer* avec l'huile.
- Ajouter le riz, remuer, ajouter les cubes reconstitués avec 35 cl d'eau bouillante. Cuire 10 minutes en *mode pression*.
- Ajouter la roquette et le mascarpone, remuer et servir aussitôt.

CÉLERI FAÇON RISOTTO

prêt en 10 minutes

5 minutes de cuisson

pour 4 personnes

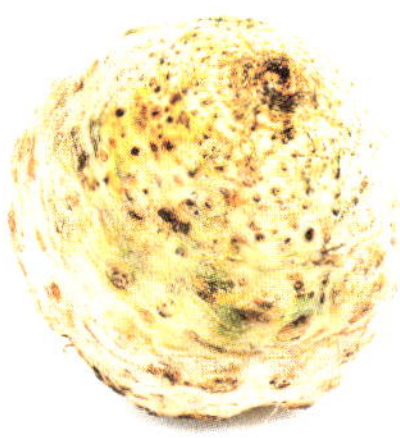

céleri-rave
× 1 boule

huile d'olive
2 cuillerées à soupe

carottes
× 2

speck
× 3 tranches

bouillon de légumes
× 2 cubes

persil plat
× ½ botte

- Râper le céleri et les carottes épluchés avec une râpe à gros trous. Couper le jambon en petits dés.
- Colorer tous les légumes 2 minutes en *mode dorer* avec l'huile d'olive. Ajouter le jambon, remuer.
- Ajouter les cubes reconstitués avec 25 cl d'eau bouillante. Cuire 2 minutes en *mode pression*.
- Ajouter le persil plat haché et servir bien poivré.

NOUILLES AUX LÉGUMES

œufs
× 2

huile de tournesol
2 cuillerées à soupe

courgettes
× 6

pâte de curry verte
1 cuillerée à soupe

nouilles
200 g

coriandre
× 10 brins

prêt en 10 minutes

10 minutes de cuisson

pour 4 personnes

- Détailler les courgettes en spaghetti ou tagliatelles à l'aide d'un spiralizer ou d'un économe.
- Casser les œufs dans la cuve, ajouter l'huile et les cuire 2 minutes en *mode dorer* en remuant.
- Ajouter les courgettes, poursuivre la cuisson 2 minutes. Ajouter la pâte et cuire 1 minute supplémentaire.
- Ajouter les nouilles, remuer, verser 20 cl d'eau bouillante et cuire 5 minutes en *mode pression*. Servir avec de la coriandre.

BOULGOUR-CHOU-FLEUR

prêt en 5 minutes

10 minutes de cuisson

pour 4 personnes

boulgour
150 g

huile d'olive
2 cuillerées à soupe

chou-fleur
× ½

pois chiches cuits
150 g

graines de cumin
1 bonne cuillerée à café

menthe
× 2 brins

- Détailler le chou-fleur en fleurettes. Le colorer 4 minutes en *mode dorer* avec l'huile. Ajouter le cumin, les pois chiches et bien mélanger.
- Ajouter le boulgour et deux fois son volume d'eau bouillante, saler et poivrer. Cuire 5 minutes en *mode pression*.
- Servir avec de la menthe effeuillée.

BOULGOUR-CAROTTES-FENOUIL

prêt en 5 minutes

10 minutes de cuisson

pour 4 personnes

boulgour
200 g

huile d'olive
2 cuillerées à soupe

carottes
× 4

fenouils
× 2

abricots secs
40 g

ras-el-hanout
1 bonne cuillerée à café

- Détailler les carottes en tagliatelles à l'économe et les fenouils en lamelles fines.
- Colorer 4 minutes en *mode dorer* avec l'huile. Ajouter le ras-el-hanout et bien remuer.
- Ajouter le boulgour et deux fois son volume d'eau bouillante, saler et poivrer. Ajouter les abricots secs hachés. Cuire 5 minutes en *mode pression*.
- On peut servir avec un peu de menthe ou de coriandre fraîche.

CASSEROLE DE QUINOA

prêt en 5 minutes

15 minutes de cuisson

pour 4 personnes

quinoa
200 g

huile d'olive
2 cuillerées à soupe

pancetta
200 g

échalotes
× 2

chou-vert
× ¼

aneth
× ½ botte

- Hacher le chou en lamelles. Émincer l'échalote et couper la pancetta en lamelles.
- Colorer l'échalote et la pancetta 4 minutes en *mode dorer* avec l'huile. Ajouter le chou et cuire 4 minutes supplémentaires.
- Ajouter l'épeautre et deux fois son volume d'eau bouillante, saler et poivrer. Cuire 7 minutes en *mode pression*.
- Servir avec l'aneth haché.

CHOU AU CUMIN

prêt en 5 minutes

10 minutes de cuisson

pour 4 personnes

chou vert
× 1

beurre
40 g

graines de cumin
2 cuillerées à café

pommes de terre
× 4

- Hacher le chou en lamelles. Éplucher les pommes de terre et les couper en dés.
- Faire revenir le tout en *mode dorer* 2 minutes avec le beurre et le cumin.
- Ajouter 20 cl d'eau, saler, poivrer et cuire 10 minutes en *mode pression*.

TAGLIATELLES DE CAROTTES

carottes nouvelles
× 1 botte

beurre
40 g

sucre
1 cuillerée à café

thym
× 6 brins

bouillon de légumes
× 1 cube

chèvres frais
× 2

prêt en 5 minutes

10 minutes de cuisson

pour 4 personnes

- Détailler les carottes en tagliatelles.
- Colorer en *mode dorer* 5 minutes dans le beurre.
- Ajouter le thym, le sucre et bien remuer pendant 1 minute. Ajouter le cube reconstitué avec 10 cl d'eau bouillante. Saler et poivrer. Cuire 5 minutes en *mode pression*.
- Déguster avec le fromage frais.

CAROTTES ORIENTALES

prêt en 5 minutes

5 minutes de cuisson

pour 4 personnes

carottes
× 1 botte

huile d'olive
2 cuillerées à soupe

grenade
× 1

persil plat
× 8 brins

sumac
1 grosse pincée

houmous
150 g

- Détailler les carottes en variant les découpes.
- Les faire revenir 8 minutes en *mode dorer* dans l'huile d'olive. Ajouter le jus d'une moitié de grenade, le sumac et bien remuer pendant 1 minute.
- Verser 10 cl d'eau, saler et poivrer. Cuire 2 minutes en *mode pression*.
- Parsemer de persil et de grains de grenade. Servir avec le houmous.

21

FENOUILS CARAMÉLISÉS

prêt en 5 minutes

10 minutes de cuisson

pour 4 personnes

fenouils
× 4

huile d'olive
2 cuillerées à soupe

persil plat
× 8 brins

orange
× 1

olives noires
50 g

miel
1 cuillerée à café

- Couper les fenouils en quartiers.
- Colorer en *mode dorer* 10 minutes dans l'huile d'olive en remuant.
- Saler et poivrer, ajouter le miel, le zeste et le jus de l'orange. Bien mélanger 1 à 2 minutes.
- Parsemer de persil et d'olives noires.

CHOU ROUGE AUX ÉPICES

prêt en 5 minutes

10 minutes de cuisson

pour 4 personnes

chou-rouge
× 1 petit

huile d'olive
2 cuillerées à soupe

noix de pécan
40 g

sirop d'érable
1 cuillerée à café

mélange 5 épices
1 cuillerée à café

orange
× 1

- Couper le chou en très fines lamelles
- Colorer en *mode dorer* 3 minutes dans l'huile d'olive.
- Saler et poivrer, ajouter le sirop, le zeste, les épices et le jus de l'orange. Cuire 3 minutes en *mode pression*.
- Parsemer de noix de pécan hachées.

CHOUX DE BRUXELLES AU MIEL

prêt en 5 minutes

10 minutes de cuisson

pour 4 personnes

choux de Bruxelles
750 g

huile de tournesol
1 cuillerée à soupe

beurre
15 g

miel au choix
1 cuillerée à café

- Nettoyer et couper les choux en deux.
- Colorer 10 minutes dans l'huile en *mode dorer*, face coupée vers le bas. Remuer souvent.
- Saler et poivrer. Ajouter le beurre et le miel.
- Servir en accompagnement d'une viande, d'un poisson ou d'une céréale.

FÈVES, FETA, ANETH

prêt en 5 minutes

5 minutes de cuisson

pour 4 personnes

fèves pelées
750 g

huile d'olive
2 cuillerées à soupe

ail
× 2 gousses

aneth
× 4 brins

citron
× 1

feta
150 g

- Faire revenir les fèves 1 minute dans l'huile en *mode dorer.*
- Ajouter l'ail râpé, le zeste du citron, du sel et du poivre. Poursuivre la cuisson 5 minutes supplémentaires.
- Parsemer d'aneth haché, ajouter 1 ou 2 cuillerées à café de jus de citron et de feta émiettée.

POMME DE TERRE-BLETTE

prêt en 10 minutes

15 minutes de cuisson

pour 4 personnes

blettes
× 2 petites bottes

crème fraîche épaisse
25 cl

ail
× 2 gousses

pommes de terre
× 5

muscade
1 grosse pincée

piment
1 grosse pincée

- Éplucher et couper les pommes de terre en tranches fines. Laver et hacher les blettes.
- Frotter l'intérieur de la cuve avec une gousse d'ail coupée. Verser 20 cl d'eau.
- Ranger les pommes de terre dans la cuve en alternant avec des blettes. Saler, poivrer et assaisonner avec la muscade, l'ail râpé et le piment au fur et à mesure.
- Couvrir de crème. Cuire en *mode pression* 10 minutes puis en *mode dorer* 5 minutes.

POMME DE TERRE-LARD

prêt en 10 minutes

15 minutes de cuisson

pour 4 personnes

pommes de terre
× 7

poireau
× 1

crème fraîche épaisse
25 cl

carottes
× 2

muscade
1 grosse pincée

lard fumé ou bacon
200 g

- Éplucher et nettoyer les légumes. Couper les pommes de terre et les carottes en tranches fines. Émincer le poireau. Couper le lard en lanières. Verser 20 cl d'eau dans la cuve.
- Ranger les pommes de terre et les carottes dans la cuve en alternant avec le lard. Poivrer, ajouter la muscade au fur et à mesure et saler si besoin.
- Couvrir de crème. Cuire en *mode pression* 10 minutes puis en *mode dorer* 5 minutes.

TIAN DE LÉGUMES

prêt en 10 minutes

5 minutes de cuisson

pour 4 personnes

huile d'olive
3 cuillerées à soupe

courgettes
× 8

tomates
× 6

oignons rouges
× 2

thym
× 4 brins

ail
× 3 gousses

- Couper les courgettes et les tomates en tranches. Émincer les oignons. Détailler l'ail en fines tranches.
- Ranger les légumes dans la cuve. Au fur et à mesure, saler, poivrer et intercaler des tranches d'ail et du thym. Arroser d'huile d'olive.
- Cuire sous en *mode pression* 5 minutes.

CHOU-FLEUR CRÉMEUX

prêt en 5 minutes

25 minutes de cuisson

pour 4 personnes

chou-fleur
× 1

beurre
40 g

farine
40 g

lait
25 cl

comté
200 g

laurier
× 2 feuilles

- Détacher le chou-fleur en fleurettes.
- Colorer en *mode dorer* avec le beurre. Quand il est fondu, ajouter la farine et vite remuer. Verser le lait chaud en remuant vivement jusqu'à ce que la béchamel épaississe.
- Passer en *mode réchauffer* et ajouter le comté râpé, le chou-fleur et le laurier. Bien remuer.
- Cuire en *mode pression* pendant 5 minutes.

29

TIAN COURGETTE-FENOUIL

prêt en 10 minutes

5 minutes de cuisson

pour 4 personnes

huile d'olive
3 cuillerées à soupe

courgettes
× 8

fenouils
× 4

oignons rouges
× 2

graines de fenouil
1 cuillerée à café

basilic
× 1 botte

- Détailler les courgettes et les fenouils en tranches. Émincer les oignons.
- Ranger les légumes dans la cuve. Au fur et à mesure, saler, poivrer, intercaler des graines de fenouil et des feuilles de basilic. Arroser d'huile d'olive.
- Cuire en *mode pression* 5 minutes.

COCOTTE COURGE-ÉPINARD

prêt en 10 minutes

10 minutes de cuisson

pour 4 personnes

courge au choix
700 g

épinards
500 g

huile d'olive
3 cuillerées à soupe

sauce tomate
40 cl

tomme
200 g

piment en poudre
1 cuillerée à café

- Couper la courge en tranches fines, ôter les graines. Nettoyer, trier et hacher les épinards.
- Ranger les légumes dans la cuve en alternant les tranches de courge, les épinards, la sauce tomate et la tomme râpée.
  Au fur et à mesure, saler, poivrer et assaisonner avec le piment.
  Arroser d'huile d'olive et verser 20 cl d'eau.
- Cuire en *mode pression* 10 minutes.

COCOTTE SUCRÉE-SALÉE

prêt en 10 minutes

15 minutes de cuisson

pour 4 personnes

jeunes navets avec fanes
× 3

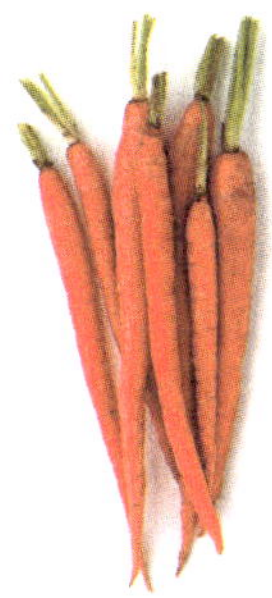

jeunes carottes
× 5

pommes
× 2 acidulées

radis roses
× 12 avec les fanes

huile d'olive
2 cuillerées à soupe

cidre
15 cl

- Découper les légumes et 1 pomme en morceaux. Garder les plus belles fanes de radis de côté.
- Colorer les carottes, les radis et les navets 5 minutes en *mode dorer* dans l'huile en remuant.
- Ajouter les morceaux de pomme, cuire 2 minutes supplémentaires. Saler, poivrer, verser le cidre et cuire 5 minutes en *mode pression*.
- Ajouter les fanes hachées, remuer et râper la pomme restante sur le dessus.

PARMIGIANA

prêt en 5 minutes

10 minutes de cuisson

pour 4 personnes

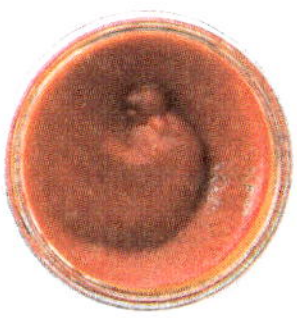

sauce tomate
60 cl

tranches d'aubergines
déjà cuites
400 g

mozzarella
300 g

parmesan
40 g

basilic
× 1 botte

- Ranger les légumes dans la cuve en alternant les tranches d'aubergine, la sauce tomate et la mozzarella. Au fur et à mesure, saler et intercaler des feuilles de basilic.
- Cuire en *mode pression* pendant 10 minutes.
- Servir avec des copeaux de parmesan et des feuilles de basilic.

SPAGHETTI DE COURGETTES

prêt en 7 minutes

3 minutes de cuisson

pour 4 personnes

courgettes
× 4

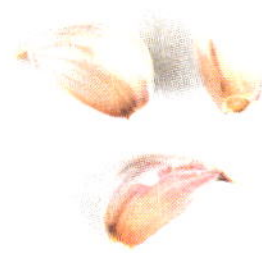

ail
× 1 gousse

huile d'olive
1 cuillerée à soupe

vinaigre de xérès
2 cuillerées à café

sucre
× 1 bonne pincée

amandes grillées
2 cuillerées à soupe

- Détailler les courgettes en spaghettis à l'aide d'un spiralizer ou d'un économe.
- Cuire en *mode dorer* 3 minutes dans l'huile.
- Stopper la cuisson, ajouter l'ail râpé et le vinaigre mélangé au sucre.
- Servir avec des amandes hachées.

CÉLERI-RAVE POMME

prêt en 5 minutes

17 minutes de cuisson

pour 4 personnes

céleri-rave
× 1 boule

pomme reinette
× 1

huile d'olive
2 cuillerées à soupe

citron
× 1

romarin
× 2 brins

piment
une pincée

- Éplucher le céleri et le couper en cubes. Couper la pomme en quartiers.
- Faire revenir le tout 15 minutes dans l'huile en *mode dorer.*
- Ajouter 10 cl d'eau, du sel et du poivre, un brin de romarin et cuire en *mode pression* 2 minutes.
- Parsemer de romarin haché et de piment, arroser d'un peu de citron. Servir comme accompagnement.

COMPOTÉE D'OIGNONS

prêt en 5 minutes

20 minutes de cuisson

pour 4 personnes

oignons rouges
× 10

beurre
15 g

huile d'olive
2 cuillerées à soupe

sucre
1 bonne pincée

sumac
1 bonne pincée

thym
× 2 brins

- Émincer les oignons et les faire revenir 12 minutes en *mode dorer* dans l'huile d'olive avec du sel et du poivre. Bien remuer.
- Ajouter le beurre, le sucre, le thym, le sumac et passer en *mode maintenir au chaud* pendant 10 minutes.
- Utiliser comme un condiment, sur une tarte (avec du fromage bleu), comme base de risotto etc.
- Conserver 1 semaine au réfrigérateur.

CURRY ROSE

prêt en 10 minutes

25 minutes de cuisson

pour 4 personnes

huile de tournesol
2 cuillerées à soupe

betterave cuite
× 1

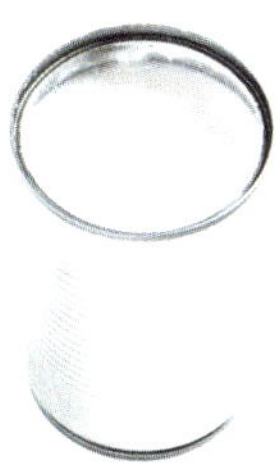

lait de coco
40 cl

pâte de curry verte
2 cuillerées à soupe

chou-fleur
× 1

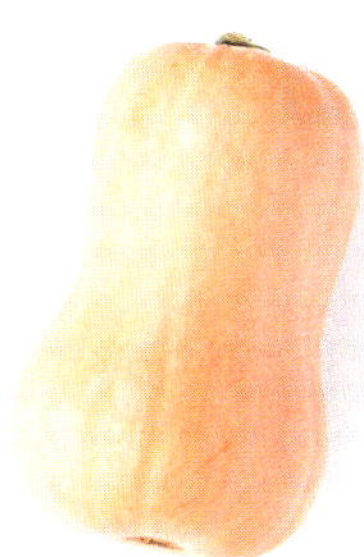

courge butternut
× 1/4

- Détacher le chou-fleur en fleurette. Éplucher la courge et la betterave puis les couper en cubes.
- Chauffer la pâte de curry en *mode dorer* pendant 1 minute dans l'huile. Ajouter les légumes et cuire 5 minutes en remuant.
- Verser le lait de coco et cuire en *mode pression* 10 minutes.
- Servir avec du riz. Au moment de servir, on peut ajouter un peu de persil ou de coriandre.

CURRY AVIYAL

prêt en 10 minutes

20 minutes de cuisson

pour 4 personnes

amandes en poudre
4 cuillerées à soupe

pâte de curry rouge ou jaune
4 cuillerées à soupe

pommes de terre
× 4

courgettes
× 3

huile de tournesol
3 cuillerées à soupe

coriandre
× 10 brins

- Couper les courgettes et les pommes de terre épluchées en gros morceaux.
- Colorer 5 minutes en *mode dorer* dans l'huile. Ajouter la pâte de curry et les amandes, cuire 2 minutes supplémentaires.
- Couvrir d'eau, saler, poivrer et cuire en *mode pression* 10 minutes.
- Parsemer de coriandre. Servir avec du riz.

AUBERGINES KORMA

prêt en 10 minutes

20 minutes de cuisson

pour 4 personnes

aubergines
× 4

garam masala
2 cuillerées à soupe

tomates concassées
30 cl

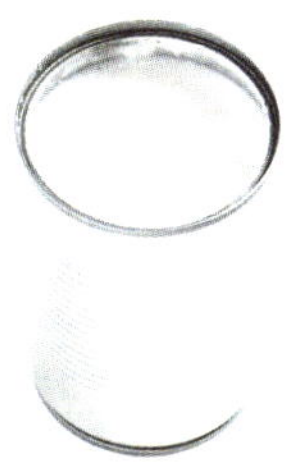

lait de coco
20 cl

huile de tournesol
5 cuillerées à soupe

coriandre
× 10 brins

- Couper les aubergines en dés.
- Colorer 6 à 7 minutes en *mode dorer* dans l'huile en remuant. Ajouter le garam masala, mélanger 1 minute supplémentaire.
- Mettre les tomates et le lait de coco. Cuire en *mode pression* 10 minutes.
- Parsemer de coriandre. Servir avec du riz.

RATATOUILLE

prêt en 10 minutes

25 minutes de cuisson

pour 4 personnes

aubergine
× 1

courgettes
× 4

tomates
× 6

oignons
× 2

huile d'olive
3 cuillerées à soupe

basilic
× 10 brins

- Découper les légumes en dés.
- Colorer les aubergines et les oignons en *mode dorer* 5 minutes dans l'huile en remuant. Ajouter les courgettes pour 3 minutes, puis mettre les tomates pour 2 minutes supplémentaires.
- Ajouter la moitié du basilic, saler et poivrer. Passer en *mode maintenir au chaud* 10 minutes.
- Parsemer du basilic restant.

40

CURRY VEGGIE

prêt en 5 minutes

10 minutes de cuisson

pour 4 personnes

pois chiches cuits
300 g

huile d'olive
2 cuillerées à soupe

pousses d'épinards
300 g

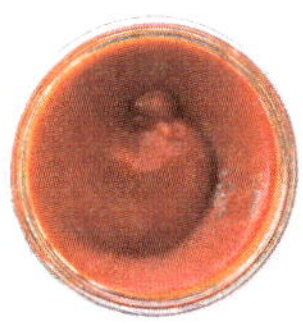

sauce tomate
40 cl

pâte de curry rouge pimentée
2 cuillerées à café

oignons rouges
× 2

- Émincer les oignons, colorer en *mode dorer* 5 minutes dans 2 cuillerées d'huile.
- Ajouter la pâte de curry, remuer 1 minute. Verser la sauce tomate, les pois chiches et cuire en *mode dorer* 5 minutes.
- Ajouter les épinards, remuer. Ajuster l'assaisonnement.

DAHL

prêt en 5 minutes

15 minutes de cuisson

pour 4 personnes

lentilles corail
250 g

huile de tournesol
2 cuillerées à soupe

garam masala
2 cuillerées à café

oignons rouges
× 2

coriandre
× 10 brins

courgettes
× 2

- Émincer les oignons, cuire en *mode dorer* 5 minutes dans l'huile. Ajouter le garam masala.
- Couper les courgettes en petits dés, les ajouter dans la cuve. Cuire 5 minutes supplémentaires. Réserver les légumes dans un plat.
- Mettre les lentilles dans la cuve et verser 30 cl d'eau. Cuire en *mode pression* 10 minutes. Mixer si on le souhaite et ajuster l'assaisonnement si besoin.
- Servir avec les oignons et les courgettes réservés et la coriandre.

HARICOTS VERTS-TOMATE

prêt en 5 minutes

5 minutes de cuisson

pour 4 personnes

sauce tomate
60 cl

haricots verts
400 g

basilic
× 4 brins

paprika fumé
1 grosse pincée

- Mettre dans la cuve la sauce tomate, le paprika et bien remuer.
- Ajouter les haricots. Cuire *en mode pression* 5 minutes.
- Parsemer de basilic déchiré. Servir avec du riz.

MIJOTÉ DE COCOS

haricots cocos
800 g à écosser

paprika fumé
1 bonne pincée

huile d'olive
2 cuillerées à soupe

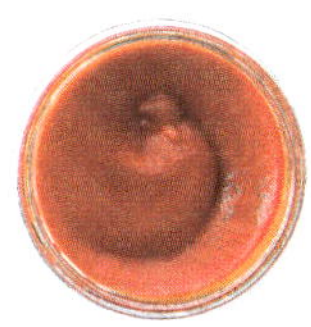

sauce tomate
40 cl

oignons rouges
× 2

persil plat
× 12 brins

prêt en 10 minutes

35 minutes de cuisson

pour 4 personnes

○ Écosser les haricots. Les cuire en *mode pression* 15 minutes avec trois fois leur volume d'eau. Égoutter.

○ Colorer les oignons émincés en *mode dorer* 7 à 8 minutes dans l'huile d'olive.

○ Ajouter la tomate, le paprika (ou piment d'Espelette), rectifier l'assaisonnement si besoin. Remettre les haricots. Cuire en *mode dorer* 5 minutes.

○ Parsemer de persil haché. Servir avec du pain ou des saucisses poêlées en rondelles.

CHAKCHOUKA

prêt en 5 minutes

20 minutes de cuisson

pour 4 personnes

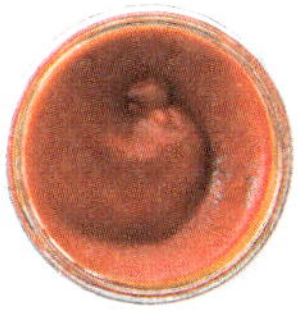

sauce tomate
600 g

poivrons rouges
× 2

piment en poudre
1 bonne pincée

oignons rouges
× 2

œufs
× 4

coriandre
× 10 brins

- Émincer les oignons et les poivrons. Faire revenir en *mode dorer* 10 minutes avec la sauce tomate et le piment.
- Former quatre creux dans la sauce, et y casser les œufs. Cuire en *mode dorer* 3 à 4 minutes, jusqu'à ce que les œufs soient pris.
- Parsemer de coriandre, servir avec du pain.

légumes mijotés

FAÇON COUSCOUS

prêt en 10 minutes

15 minutes de cuisson

pour 4 personnes

chou pointu
× 1

gingembre
2 cm

ras-el-hanout
2 cuillerées à café

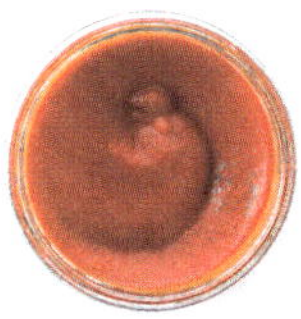

sauce tomate
30 cl

navets jeunes
× 5

bouillon de légumes
× 2 cubes

- Couper le chou en lanières et les navets en morceaux.
- Placer les légumes dans la cuve avec le gingembre râpé, la sauce tomate, les cubes et 35 cl d'eau. Saler, poivrer et cuire 15 minutes en *mode pression*.

LENTILLES VERTES

prêt en 10 minutes

15 minutes de cuisson

pour 4 personnes

lentilles vertes
150 g

carottes
× 4

gingembre
2 cm

ciboulette
× ¼ de botte

lard fumé
100 g

sauce soja
1 cuillerée à soupe

- Rincer les lentilles à l'eau froide. Couper les carottes en dés et le lard en lanières.
- Placer le tout dans la cuve et ajouter trois fois le volume d'eau des lentilles. Cuire 15 minutes en *mode pression*.
- Assaisonner avec la sauce soja et le gingembre. Servir avec la ciboulette ciselée.

POIS CASSÉS CHOU POMME

prêt en 5 minutes

15 minutes de cuisson

pour 4 personnes

chou vert
× 1/4

pomme acide
× 1

pois cassés
200 g

huile d'olive
2 cuillerées à soupe

lard
× 12 tranches

romarin
× 2 brins

- Rincer les pois cassés. Couper la pomme et le lard en tranches. Faire des lanières de chou.
- Mettre tous les ingrédients dans la cuve avec 15 cl d'eau. Cuire 15 minutes en *mode pression.*
- Mélanger et servir en accompagnement ou bien mixer en soupe.

SAUCE TOMATE BASIQUE

prêt en 5 minutes

35 minutes de cuisson

pour 4 personnes

tomates
2 kg bien mûres

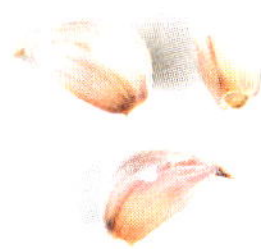

ail
× 4 gousses

huile d'olive
3 cuillerées à soupe

basilic
× 10 brins

thym
× 4 branches

sucre
1 pincée

- Émincer finement l'ail. Le faire revenir en *mode maintenir au chaud* pendant 5 minutes dans l'huile.
- Peler les tomates. Les hacher grossièrement et les mettre dans la cuve avec du sel, du poivre, les feuilles de basilic, le thym et le sucre. Cuire en *mode dorer* 10 minutes puis en *mode pression* 5 minutes supplémentaires.
- Mixer si l'on souhaite une sauce lisse.

PATATE DOUCE SAUCE VERTE

prêt en 5 minutes

15 minutes de cuisson

pour 4 personnes

patates douces
× 4 petites

huile d'olive
2 cuillerées à soupe

coriandre
× 8 brins

oignons primeurs
× 2

olives noires
50 g

vinaigre de vin rouge
quelques gouttes

- Brosser les patates sans les éplucher. Les placer dans la cuve avec 1 cuillerée d'huile d'olive et 10 cl d'eau. Saler et poivrer. Cuire 15 minutes en *mode pression*. Vérifier la cuisson et prolonger si nécessaire.
- Hacher ou mixer la coriandre, les oignons avec un peu de vert et les olives. Ajouter du sel, du poivre et le vinaigre.
- Servir les patates avec ce condiment.

POTIMARRON PARMESAN

potimarron
× 1 petit

parmesan
40 g

menthe
× 3 brins

huile d'olive
2 cuillerées à soupe

mélange de jeunes pousses
100 g

piment d'Espelette
1 pincée

prêt en 5 minutes

20 minutes de cuisson

pour 4 personnes

- Bien brosser le potimarron. Le placer dans la cuve et l'enduire d'une cuillerée d'huile. Saler légèrement. Ajouter 20 cl d'eau. Cuire en *mode pression* 20 minutes. Vérifier la cuisson et prolonger si nécessaire.
- Détailler des tranches, retirer les graines.
- Servir le potimarron chaud ou tiède arrosé de l'huile restante. Parsemer de piment, de poivre, d'un peu de sel, de copeaux de fromage, de feuilles de menthe et de jeunes pousses.

CHOU-FLEUR SAUCE SÉSAME

prêt en 5 minutes

20 minutes de cuisson

pour 4 personnes

chou-fleur
× 1 moyen

tahiné
1 cuillerée à soupe

citron
× 1

huile d'olive
2 cuillerées à soupe

origan frais
× 2 à 3 brins

yaourt grec
200 g

- Nettoyer le chou-fleur. Le placer dans la cuve, l'enduire d'une cuillerée d'huile. Saler légèrement et ajouter 20 cl d'eau. Cuire en *mode pression* 10 minutes. Vérifier la cuisson et prolonger si nécessaire.
- Mélanger le yaourt avec le tahiné, le citron, l'huile restante et les feuilles d'origan.
- Servir des tranches de chou-fleur avec la sauce.

ARTICHAUTS FROMAGE FRAIS

prêt en 10 minutes

15 minutes de cuisson

pour 4 personnes

artichauts
× 4 à 8

fromage frais au choix
300 g

huile d'olive
2 cuillerées à soupe

tomates
× 2

ciboulette
× ½ botte

noisettes
30 g

- Placer les artichauts dans la cuve avec 20 cl d'eau et cuire 15 minutes en *mode pression*.
- Ôter les feuilles et le foin pour récupérer les fonds. Les garder entiers si ce sont de jeunes artichauts tendres.
- Couper les fonds en dés. Les mélanger avec les tomates et la ciboulette hachées. Arroser d'huile d'olive et parsemer de noisettes hachées.
- Servir avec le fromage.

CHOU ENTIER AU LARD

prêt en 10 minutes

30 minutes de cuisson

pour 4 personnes

chou vert frisé
× 1

lard fumé
200 g

huile d'olive
2 cuillerées à soupe

- Nettoyer le chou. Ôter les feuilles abîmées et retirer le maximum de trognon à l'aide de la pointe d'un couteau.
- Écarter les feuilles et y glisser des tranches de lard.
- Placer le chou dans la cuve avec 25 cl d'eau, l'enduire d'huile et saler. Cuire 30 minutes en *mode pression*. Vérifier la cuisson et prolonger si nécessaire.

AUBERGINES SAUCE GINGEMBRE

prêt en 5 minutes

10 minutes de cuisson

pour 4 personnes

aubergines
× 3

huile d'olive
2 cuillerées à soupe

gingembre
2 cm

coriandre
× 10 brins

pâte miso
2 cuillerées à soupe

citron
× 1

- Rincer les aubergines. Les enduire d'un peu d'huile et les placer dans le panier vapeur avec de l'eau au fond de la cuve.
- Cuire en *mode pression* 10 minutes. Vérifier la cuisson et prolonger si nécessaire.
- Mélanger l'huile restante, le gingembre râpé, le miso, un peu de zeste et de jus de citron.
- Assaisonner les aubergines coupées en lamelles avec la sauce et parsemer de coriandre.

COURGETTES AU PESTO

prêt en 7 minutes

3 minutes de cuisson

pour 4 personnes

courgettes
× 8 petites

huile d'olive
6 cuillerées à soupe

parmesan
40 g

basilic
× 1 botte

amandes grillées
50 g

ail
× 2 gousses

- ○ Rincer les courgettes. Les enduire d'un peu d'huile et les placer dans le panier vapeur avec de l'eau au fond de la cuve.
- ○ Cuire en *mode pression* 3 minutes. Vérifier la cuisson et prolonger si nécessaire.
- ○ Mixer les feuilles de basilic, les amandes, l'ail râpé, puis ajouter petit à petit l'huile restante et le parmesan râpé.
- ○ Servir les courgettes avec ce pesto.

FLANS AUX ÉPINARDS

prêt en 10 minutes

15 minutes de cuisson

pour 4 personnes

épinards
300 g

muscade
1 bonne pincée

crème fraîche liquide
30 cl

œufs
× 3

tomme
100 g

piment
1 bonne pincée

- Laver et trier les épinards. Verser un fond d'eau dans la cuve et cuire les épinards en *mode pression* 3 minutes.
- Mixer et passer au chinois pour avoir une texture fine.
- Ajouter la crème, les œufs battus, le piment, la muscade et la tomme râpée. Saler et poivrer.
- Verser le mélange dans des ramequins, les poser dans le panier. Verser un fond d'eau et cuire 12 minutes en *mode pression*. Servir avec une salade verte.

FLANS CAROTTE-CORIANDRE

prêt en 10 minutes

20 minutes de cuisson

pour 4 personnes

carottes
× 6

crème fraîche liquide
20 cl

lait
20 cl

œufs
× 3

tomme
100 g

cardamome
× 3 gousses

- Brosser ou éplucher les carottes. Les mettre dans le panier avec de l'eau dessous et cuire en *mode pression* 10 minutes.
- Les mixer avec les graines de cardamome. Ajouter la crème, le lait, les œufs battus et la tomme râpée. Saler et poivrer.
- Verser le mélange dans des ramequins, les poser dans le panier. Verser un fond d'eau dans la cuve et cuire 12 minutes en *mode pression*. Servir avec une salade verte.

CLAFOUTIS DE LÉGUMES

prêt en 8 minutes

12 minutes de cuisson

pour 4 personnes

carottes
× 2

courgettes
× 2

crème fraîche liquide
50 cl

œufs
× 4

farine
2 cuillerées à soupe

ciboulette
× 12 brins

- Brosser ou éplucher les carottes et les courgettes. Les découper en dés. Les répartir dans des ramequins.
- Fouetter la crème, les œufs, la farine et la ciboulette hachée. Saler et poivrer. Verser dans les ramequins et cuire 12 minutes en *mode pression*.
- Servir avec une salade verte.

LÉGUMES & VERT D'ANCHOIS

prêt en 5 minutes

20 minutes de cuisson

pour 4 personnes

haricots verts
300 g

pois mange-tout
300 g

petits pois
200 g (frais ou surgelés)

anchois en conserve
× 2

persil plat
× 1 botte

huile d'olive
5 cuillerées à soupe

- Équeuter les haricots et les pois.
- Verser un fond d'eau salée dans la cuve. Placer les légumes dans le panier-vapeur et cuire en *mode pression* 5 minutes.
- Mixer rapidement les feuilles de persil, l'huile d'olive et les anchois. Poivrer.
- Servir les légumes avec le condiment.

LÉGUMES MOUTARDE

prêt en 10 minutes

20 minutes de cuisson

pour 4 personnes

carottes
× 4

poireaux
× 2

œuf
× 1

huile d'olive
3 cuillerées à soupe

vinaigre de vin rouge
1 cuillerée à café

moutarde
1 cuillerée à café

- Tailler les carottes en tagliatelles et les poireaux en fines lamelles. Rincer l'œuf.
- Les placer dans le panier-vapeur et cuire 5 minutes en *mode pression* avec un fond d'eau.
- Écaler l'œuf et le hacher. Le mélanger avec l'huile, la moutarde, le vinaigre, du poivre et du sel.
- Servir les légumes tiédis avec ce condiment.

COURGE SPAGHETTI VAPEUR

prêt en 10 minutes

20 minutes de cuisson

pour 4 personnes

courge spaghetti
× 1

huile d'olive
2 cuillerées à soupe

ciboulette
× 1 botte

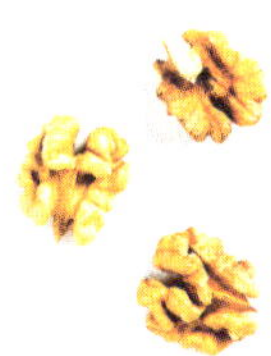

noix
40 g décortiquées

vinaigre de cidre
1 cuillerée à café

fromage de chèvre frais
200 g

- Placer la courge bien nettoyée, entière, dans le panier-vapeur. Enduire d'un peu d'huile. Verser 20 cl d'eau au fond de la cuve et cuire 20 minutes en *mode pression*. Vérifier la cuisson et prolonger si nécessaire.
- Laisser refroidir puis ouvrir la courge, ôter les graines et gratter la chair à la fourchette.
- Assaisonner avec l'huile, le vinaigre, les herbes hachées, du sel et du poivre. Parsemer de noix hachées. Servir avec le fromage frais.

soupe

62

COURGE, COCO, GINGEMBRE

prêt en 10 minutes

10 minutes de cuisson

pour 4 personnes

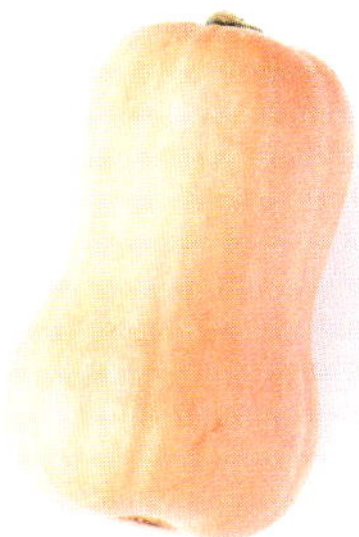

courge butternut
700 g

patate douce
× 1

gingembre
2 cm

persil plat
× 12 brins

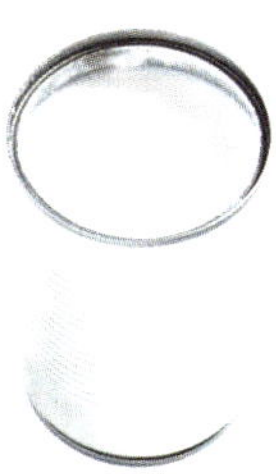

lait de coco
15 cl

bouillon de légumes
× 2 cubes

- Éplucher les légumes et les couper en morceaux. Les placer dans la cuve avec la moitié du gingembre râpé et le bouillon. Recouvrir d'eau et cuire en *mode pression* 10 minutes.
- Ajouter le lait de coco, les feuilles de persil et mixer. Ajouter de l'eau si nécessaire pour obtenir la consistance souhaitée.
- Saler et poivrer, ajouter le reste de gingembre râpé.

PETIT MINESTRONE

prêt en 5 minutes

20 minutes de cuisson

pour 4 personnes

courgettes
× 3

fenouils
× 3

haricots blancs cuits
200 g

pâtes courtes au choix
50 g

bouillon de poulet
× 2 cubes

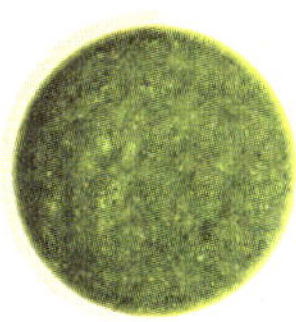

pesto
4 cuillerées à soupe

- Découper la courgette et le fenouil en cubes.
- Mettre dans la cuve avec les cubes de bouillon, couvrir d'eau et cuire en *mode* pression pendant 5 minutes. Saler si nécessaire.
- Ajouter les haricots et les pâtes et les cuire en *mode dorer* selon leur temps de cuisson habituel.
- Servir avec le pesto.

SOUPE PETITS POIS-ANETH

prêt en 5 minutes

5 minutes de cuisson

pour 4 personnes

petits pois frais
ou surgelés
600 g

ail
× 1 gousse

huile d'olive
1 cuillerée à soupe

yaourt grec
150 g

aneth
× 4 brins

○ Verser un fond d'eau salée dans la cuve. Mettre les petits pois dans le panier vapeur avec l'ail émincé. Cuire en *mode pression* 5 minutes.

○ Réserver 4 cuillerées à soupe de yaourt et 1 brin d'aneth pour servir.

○ Mixer les petits pois avec l'eau de cuisson, l'huile d'olive, le yaourt et l'aneth. Saler et poivrer. Ajouter de l'eau si nécessaire pour obtenir une texture lisse.

○ Servir avec un peu de yaourt restant et parsemer d'aneth.

65

soupe

COURGETTE-ÉPINARD

courgettes
× 4

épinards
300 g

oignons primeurs
× 3

basilic
× 1 botte

bouillon de poulet
× 2 cubes

huile d'olive
2 cuillerées à soupe

prêt en 5 minutes

20 minutes de cuisson

pour 4 personnes

○ Découper la courgette en cubes, émincer les oignons. Laver et hacher les épinards.

○ Faire revenir les oignons en *mode dorer* dans l'huile d'olive pendant 5 minutes. Ajouter les courgettes et cuire 5 minutes supplémentaires.

○ Ajouter les cubes de bouillon, couvrir d'eau cuire en *mode pression* 5 minutes. Ajouter les épinards et cuire 2 minutes supplémentaires.

○ Ajouter le basilic et mixer. Saler si nécessaire

SOUPE AU CRESSON

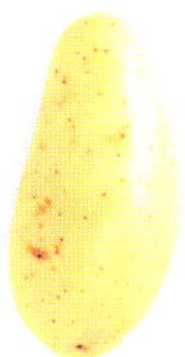

pommes de terre
400 g

cresson
× 1 botte

oignons primeurs
× 2

lait ribot
4 cuillerées à soupe

huile d'olive
2 cuillerées à soupe

piment
1 bonne pincée

prêt en 10 minutes

25 minutes de cuisson

pour 4 personnes

- Émincer les oignons. Rincer le cresson. Éplucher et découper les pommes de terre en gros dés.
- Faire revenir les oignons en *mode dorer* 5 minutes dans l'huile d'olive. Ajouter les pommes de terre et cuire 5 minutes supplémentaires.
- Couvrir d'eau et cuire en *mode pression* 10 minutes. Ajouter le cresson poursuivre la cuisson 2 minutes. Saler si besoin.
- Mixer, assaisonner avec du sel, du poivre et du piment. Ajouter le lait ribot.

67

soupe

CAROTTE-CORIANDRE

prêt en 10 minutes

10 minutes de cuisson

pour 4 personnes

carottes
× 6

coriandre
× 1 botte

pommes de terre
× 2

bouillon de poulet
× 2 cubes

huile d'olive
2 cuillerées à soupe

graines de courge
2 cuillerées à soupe

- Éplucher la carotte et la pomme de terre, les couper en cubes.
- Mettre dans la cuve avec les cubes de bouillon et les tiges de la coriandre. Saler, couvrir d'eau et cuire en *mode pression* 10 minutes.
- Ajouter les feuilles de la coriandre et l'huile d'olive. Mixer, saler et poivrer si besoin.
- Servir parsemé de graines de courge.

soupe

POIREAU-POMME DE TERRE

prêt en 10 minutes

15 minutes de cuisson

pour 4 personnes

poireaux
× 4

pommes de terre
× 6

bouillon de poulet
× 2 cubes

carotte
× 1

crème fraîche épaisse
2 cuillerées à soupe

citron
× 1

- Éplucher la carotte et les pommes de terre, les couper en cubes. Émincer les poireaux.
- Placer la carotte et les pommes de terre dans la cuve avec les cubes de bouillon couvrir d'eau. Cuire en *mode pression* 10 minutes.
- Ajouter les poireaux et cuire 2 minutes supplémentaires. Mixer si on le souhaite. Saler et poivrer si nécessaire.
- Servir avec la crème agrémentée d'un peu de zeste de citron finement râpé et d'un peu de jus.

SOUPE DE CHAMPIGNONS

prêt en 10 minutes

15 minutes de cuisson

pour 4 personnes

champignons variés
750 g

huile d'olive
2 cuillerées à soupe

bouillon de poulet
× 2 cubes

échalotes
× 3

crème fraîche épaisse
3 cuillerées à soupe

persil plat
× 8 brins

- Émincer les échalotes et les champignons. Les cuire en *mode dorer* 12 minutes dans l'huile.
- Ajouter les cubes de bouillon et 75 cl d'eau. Cuire en *mode pression* 3 minutes.
- Mixer avec la moitié des feuilles de persil.
- Servir avec la crème et le persil restant.

QUE FAIRE AVEC ?

Si vous aimez la collection...

Selon les robots cuiseurs, les noms de programme varient : « cuisson sous pression » correspond à « cuisson rapide »
Attention, les temps de préparation/cuisson n'incluent pas le temps de préchauffage.
Pour les cuissons « sous pression », si l'on a pas « doré » avant, le préchauffage peut prendre 15-20 minutes.

Photographies des ingrédients : © Audrey Fitzjohn, Akiko Ida, Charlotte Lascève, Rebecca Genet, Richard Boutin, Valéry Guédes et Pierre Javelle

Mise en pages : Nord Compo

58 rue Jean Bleuzen, 92178 Vanves Cedex
3617964
ISBN : 97825012915-2
Dépôt légal : janvier 2018
Achevé d'imprimer en novembre 2017 sur les presses de Macrolibros en Espagne

PAPIER À BASE DE FIBRES CERTIFIÉES

MARABOUT
s'engage pour l'environnement en réduisant l'empreinte carbone de ses livres.
Celle de cet exemplaire est de :
1 200 g éq. CO_2
Rendez-vous sur www.marabout-durable.fr